AF313647

DE LA CONSTRVCTION D'VNE GALLAIRE, ET DE SON equipage.

Par I. HOBIER, Conseiller du Roy, Thresorier general de la Marine du Leuant, mortespayes & fortifications de Prouence.

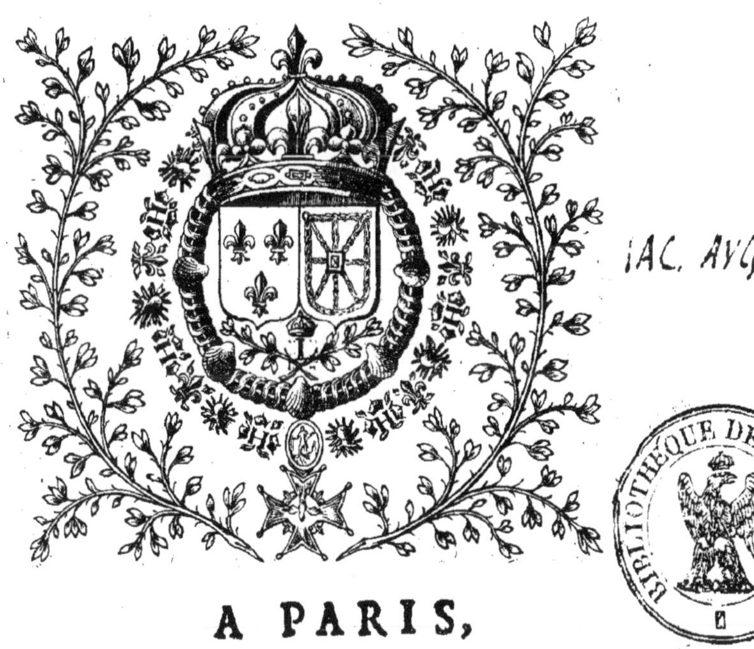

A PARIS,

Par DENYS LANGLOIS au mont
S. Hilaire, à l'enseigne
du Pelican.

M. DC. XXII.

AV LECTEVR.

L y a plusieurs annees que me trouuât à Mar-seille, pour la charge que i'ay sur les Gallaires, auec plus de loisir que ie ne desirois, il me print enuie d'apprendre ce que ie pourrois de ceste partie, l'vne de celles de l'estat, la plus esloignee, non seulement de lieu, mais aussi de cognoissance. Et comme i'ay tousiours creu que nous ne pouuions rien mieux sçauoir que par les principes, ausquels ceux qui faillent, manquent ordinairement au reste, ie m'arrestay particulierement à la construction d'vne Gallaire, pour la commodité

que i'auois d'vne qui se bastissoit lors
à ma veuë. Et ayant le plus curieu-
sement que ie peuz ramassé les noms,
les mesures, & les raisons de chacune
piece, ie me mis en faire & dresser le
plan. Lequel ayant faict veoir au
Maistre qui faisoit ceste construction, & qui a tres-grande reputation en son art, il y trouua si peu à
redire, qu'apres l'auoir reduitte aux
plus iustes mesures que ie peux apprendre de luy, & confirmer par les
autres Maistres, ie voulus essayer
si ie pourrois faire par discours ce
que i'auois fait par les lignes, sça-
chant combien l'vn apporte de lumiere à l'autre : & confesse librement que ie n'euz pas plus ce dessein
pour le respect de ceste piece, que pour
sçauoir par experience la difficulté
qu'il y peut auoir à faire vne descri-

ption exacte. En quoy ie ne celeray
point que ie trouuay tant de peine
& si peu de plaisir en comparaison
de celuy que ie m'estois promis, que
la crainte qu'il en arriuast de mesme
à ceux qui prendroient la peine de
lire ce traicté, m'a iusques icy em-
pesché de le mettre au iour. Comme
ie m'en serois abstenu encores, sans
l'occasiõ qui m'y inuite par le passage
de nos Gallaires ez mers de Ponant,
pour le subiet que chacun sçait ; me
persuadant que ceux qui auront la
cõmodité ou la curiosité de les veoir,
seront bien ayses de s'instruire de ce
qui se presentera à leur veuë, sans a-
uoir la peine de s'en enquerir de personnes, qui bien souuent entendent
mieux leur profession qu'ils ne la sça-
uent faire entendre. Au surplus, i'ay
auec la mesme curiosité recueilly ce

que i'ay peu, des histoires anciennes
& recentes, pour veoir l'vtilité qui
s'est tiree & peut tirer des Gallaires,
& la consideration en laquelle elles
peuuent estre en l'estat. Mais pour
ce que ce discours desire plus de loisir
que n'en permet la saison presente,
& qu'il s'en pourra trouuer quelque
autre plus fauorable ; aussi l'y reser-
ueray-ie sur l'esperance certaine que
sa Majesté donne par ses glorieuses
actions, de n'auoir pas moins de ge-
nerosité pour rendre son Estat re-
doutable, & illustre au dehors,
qu'absolu & tranquille au dedans.
Ce sont les souhaits auec lesquels ie
prie Dieu qu'il benisse mes desseings,
& ceux qui prendront la peine de
veoir cestui-cy, de le receuoir &
l'interpreter.

DE LA
CONSTRVCTION
D'VNE GALLAIRE,
ET DE SON EQVIPAGE.

E nom de Gallaire, ainſi que la pluſpart des autres, eſt d'v-ne recherche plus curieuſe qu'vtile. Quelques-vns tiennent qu'il vient du chapeau renuerſé de Mer-cure qui ſe nomme *Galerus*, dont le creux ſert de corps, & les ayles de rames. Autres de *Galea*, qui eſtoit vne eſpece de caſque ou morion qui ne ſe donnoit ſur mer qu'aux ſoldats des Gallaires, à cauſe de leur baſſeſſe, en comparaiſon des vaiſſeaux ronds. Quoy qu'il en ſoit, nous liſons dans Leon Empereur qu'il charge ſon ge-

A

neral de la mer de faire conſtruire de petits vaiſſeaux tres-viſtes à la vogue, qu'il appelle Gallaias, pour ſeruir de guet à l'armee, & aux autres actions de diligence. Les autheurs plus anciens & meſme les recents leur donnent communement le nom de nauires longues, à la difference des vaiſſeaux ronds : mais plus ordinairement ceux de triremes, quadriremes, quinque-remes, & de plus ſelon le nombre des rames qu'on leur donnoit pour banc. Par où ſe void euidemment que leur etymologie vient de la partie prin-cipale qui les diſtingue des autres vaiſſeaux, qui eſt la Rame : de laquel-le ſe tire encores le nom qu'elles ont auiourd'huy, non pas du total de la rame, mais d'vne partie ſeulement, qui eſt celle qui entre dans l'eau, qui ſe nomme Palle, d'où eſt venu le mot de Gallaire, au lieu de Pallaire. Nos vieux Romans & ceux qui eſcriuent

des guerres de la terre saincte les appellent Gallees: les Espagnols & I-
taliens Galea, les Turcs & les Grecs
de ce temps Quadregua: les Maures
& Affricains Elgorab, & s'y en pour-
roit adiouster d'autres. Mais les noms
estans de peu d'importance au prix de
ce qu'ils signifient, ie commenceray
ceste description de Gallaire par sa
plus generale diuision qui se peut faire en deux parties: l'vne, en ce qui est
immobile de soy, qui est le corps & les
membres: l'autre, en ce qui luy donne le mouuement, & (s'il se peut dire)
la vie, qui sont les personnes necessai-
res à sa conduicte.

Pour la premiere partie, elle se sub-
diuise en cinq, dont l'vne est le corps;
l'autre s'appelle l'œuure morte: la troisiesme sera des rames, arbres, & anten-
nes: la quatriesme des tentes, voiles, &
cordages compris soubs le nom de
Sarcie: & la cinquiesme des rissons, qui

font comme les anchres aux nauires,
des canons, & autre artillerie, dont
nous parlerons en mesme ordre.

Du corps, qui est le plus important
de tout, il se forme entierement sur lignes droictes & angles droicts : mais
qui se reduisent par le moyé des souz-
baissements, qu'ils nomment voultes,
à angles mixtes ou spheriques, lignes
& superficies courbes ou circulaires,
qui toutesfois approchent plus de la
ligne droicte qu'en nulle autre sorte
de vaisseaux, & sont par consequent
plus difficiles à mesurer exactemét &
geometriquemét, sans vn trauail beaucoup plus grand qu'il ne seroit vtile.

Pour en auoir donc l'intelligence
telle que ceux qui les bastissent, & s'appellent *Maistres de hache* la donnent
d'vne gallaire de vingtcinq à vingtsix
bancs de chacun costé, & autant de
rames de quatre à cinq hommes pour
chacune, qui est la pl⁹ legitime de tou-

tes,& qu'ils appellét neātmoins *baftar-*
de ou *baftardelle*:il eft à propos de fçauoir premieremét pourquoy ils la nó-
ment ainfi, qui n'eft pour autre raifon
que pour les difcerner des anciennes,
dont il fe void encores quelques eftrā-
geres qui fe difent *fubtiles*,pour cefte
feule particularité, qu'elles ont l'extremité de la pouppe aiguë, au lieu que
les baftardes, telles que font toutes les
noftres,l'ont platte & eflargie,&par ce
moyen font beaucoup plus aggrea-
bles, & plus commodes. Secondemét
comme rien n'eft plus neceffaire que
de bien entendre les mefures qui different fi confufement d'vn lieu à l'autre, &, qui pis eft, de temps en temps,
il eft neceffaire de fçauoir que celle
dont ils fe feruent, & auec laquelle fe
baftiffent tous les vaiffeaux de Prouence,s'appelle Gouë, compofee de
trois pans vallās chacun neuf poulces,
defquels pans en faut huiĉt pour la

cane, qui eſt de la meſme longueur que la toiſe diuiſee en ſix pieds, à douze poulces pour chacun ; ainſi qu'Erard a deſia remarqué en ſon liure de la fortification ; bien qu'il y ait quelque peu de difference, & meſmes entre les canes d'vn lieu à l'autre, mais qui n'eſt pas beaucoup importante.

Cela cogneu, il pourra ſuffire à ceux qui n'en voudront auoir qu'vne generale cognoiſſance, de ſçauoir que la longueur de tout le corps eſt de prez de 22 toiſes, la largeur au milieu d'vn peu moins de trois toiſés, & la hauteur au meſme endroit d'enuiró vne toiſe. De l'œuure morte qui s'eſleue d'enuiron deux pieds & demy au deſſus du corps, la longueur en eſt moindre d'éuiron quatre toiſes, qui ſont pour le tabourin de proüe & la poupe, & la largeur qui deſborde plus grande de trois pieds trois quarts de chacun co-

fté. Mais à ceux qui ferót curieux d'en
cognoiftre le particulier, à fçauoir les
termes, les mefures, & les raifons, l'e-
quipage & le nombre de perfonnes
qui s'y peuuent loger, auec les viures
neceffaires pour vne affez longue na-
uigation, ils le pourront voir auec le
plus de facilité que ie me fuis peu imaginer, & le figurer eux-mefmes par la
mefure du pan qui eft au bas du plan
de la gallaire, en fin de ce traicté.

Continuant donc par la conftruction du corps qu'ils nomment *l'œu-*
ure viue, ainfi que i'ay dict que les maiftres l'enfeignent; Il fe faut tout premieremét imaginer deux poincts qui
fe marquent en terre, diftans l'vn de
l'autre de 58 gouës. De l'vn à l'autre
de ces poincts qu'ils difent *de capion à*
capion, fe tire vne ligne droicte qui fe
peut proprement dire ligne de niueau
ou de terre, & à chacune des extremitez fe fait vn angle droict, qu'ils appel-

lent, ainſi que les autres artiſans, traict
quarré; par le moyen de deux lignes
perpendiculaires, mais qui ne ſont pas
eſgales. car celle de prouë a ſeulement
dix pans, & celle de poupe dixhuict,
qui rendent la moyenne en proportion Arithmetique de quatorze : mais
qui ſe reduict (comme i'ay dict) par le
moyen des ſoubzbaiſſements, qu'ils
appellent voultes, à ſept & demy ſeulement. Or tout ainſi qu'en la fortification la premiere choſe par où ſouuent l'on commence, eſt l'angle flan-
quant, qui ſe forme de la rencontre
des deux lignes de deffenſe, ſur quoy
ſe meſurent toutes les autres parties,
leſquelles eſtans actuellemét formees
il ne reſte aucune trace ny de cet angle, ny de ces lignes, qui ſe diſent proprement obſcures, ou preparantes;
de meſme ſe peut il dire que celles
dont ie viens de parler, ſont abſolue-
ment neceſſaires pour la conſtruction

d'vne galaire, mais qu'apres il n'en reste aucune apparence, non plus que
des deux triangles qui se formét pour
la prouë & pour la poupe. Tous deux
ont pour base la ligne terre, mais celle
de prouë prend le double de sa perpé-
diculaire, c'est à dire, 20 pans, & la ligne secante abboutissant au sommet
de la perpendiculaire, fait l'angle re-
trenché de 63 degrez, & le complement du droict qui reste pour la poin-
te de 27. Ce qui est notable pour faire
voir que les galaires sont (cóme l'expe-
riéce le móstre) plus vistes mesmes àla
voile seule que les vaisseaux ronds, qui
outre leur largeur ont *la rodde de prouë*
plus droicte pour pescher dauantage
(c'est à dire enfoncer) à cause de leur
grosseur & de leur hauteur, & sont par
cósequét plus dificiles à couler & cou-
per les ondes. L'autre ligne secante sur
laquelle se forme aussi *la rodde de poupe*
s'estend seulement sur la ligne terre,

d’autant que la perpendiculaire, c’eſt
à dire de 18 pans, & de ceſte façon fait
le triangle retranché yſocelle, & le có-
plement facile à iuger : qui eſt cauſe
que la poupe paroiſt comme elle eſt
en effect beaucoup plus droicte &
plus haulte que celle de prouë. Mais
les raiſons n’en eſtans pas ſi importantes, auſſi ne m’y arreſteray-ie pas dauantage.

Par ces deux retrenchemens de la
ligne terre ſe void qu’elle reſte de 45
goues 1 pan, ſur leſquelles ſe dreſſe
tout premierement la *carene*, laquelle
bien qu’elle paroiſſe droicte à la veuë,
ſi eſt-ce qu’elle ſe courbe en dehors de
deux pans, à ſçauoir d’vn pan entre les
deux *madiers* derniers, dont nous parlerons tantoſt, & de là iuſques à chacun *talõ de rodde* de demy pan; de peur
que la peſanteur de la prouë & de
la poupe, ou bien la vieilleſſe, qui font,
comme on dit, *tomber la galaire*, ne

la puiſſent que remettre à la droicte
ligne, ainſi qu'elle ſe voit ordinairement au bout de 18 ou 20.ans, ſi tant
elle dure, comme elle peuſt faire,eſtãt
bien conſtruitte,& trauaillant medio-
crement; & ſi au contraire elle eſt mal
baſtie & mal meſnagée, elle vient à ſe
trouſſer, c'eſt à dire à ſe courber en dedans & ſeſrener. Car ſi rien approche
de ce que le commun appelle rhein,
qui eſt proprement l'eſchine ou eſpi-
ne du dos,où conſiſte & d'où deſpend
toute la force, c'eſt la carene,ainſi que
nous apprennent les Medecins par la
mutuelle comparaiſon qu'ils en font
ſur la compoſition du corps:bien que
pour le mieux entendre,comme il eſt
ſur tout neceſſaire aux fondemens , il
ſemble qu'elle ſe puiſſe iuſtement rapporter à celuy d'vne maiſon , ſur lequel ſe baſtit & ſouſtient tout l'edifice
comme la Galaire fait ſur la carene, *&*
les deux roddes de proue & de poupe,

lefquelles eftans efgallement efpoiffes
d'enuiron 6 pouces de hauteur, & 4.
de largeur , auffi bien la carene que
les roddes, & fi iuftement ioinctes enfemble, qu'il eft difficile de les difcerner à la veuë, lors elles s'efleuent de
terre,y laiffans feulement la carene,&
le premier clou s'y met par perfonne
de qualité, tout ainfi que la premiere
pierre à vn baftiment ,auec tout plain
de folemnité & magnificence.

Cela faict le Maiftre commençe à
ce qui s'appelle d'vn mot genèral *le
courban* , fous lequel eft entendu tout
ce qui fe peut proprement dire coftes,
compofées chacune de trois pieces ,
dont l'vne qui s'appelle *madier* , eft
clouée par le milieu fur la carene, & à
chacun de fes bouts fe ioinct vne *efte-
menaire* , lefquelles s'eflargiffans efgallement fans recourber , ainfi qu'aux
nauires ,le milieu fe trouue large au
fonds de la feiziefme partie de la lon-

gueur du corps, & le haut de la huictiefme, qui eft enuiron 7 gouës & de-
mie; & different feulement ces madiers
& eftemenaires, en ce que la carene
s'abbaiffant en ceft endroict, ainfi que
i'ay remarqué d'vn pan, auffi ceux qui
font pofez au milieu de la carene, &
s'appellent premiers madiers, font-ils
plus longs que les autres, lefquels dimi-
nuent proportionnellement de chacun vn poinct, felon qu'ils s'aduançét
aux extremitez, & ainfi les nomment
madier du premier poinct, madier du
fecond, & pareillement des autres; &
les oppofez fur la carene, freres, iufques au nombre de 44. de chacun cofté, qui eft 88. en tout, efpois d'enuiron
4. pouces prefque en carre, & pofez en efgalle diftance les vns des autre, de forte que les deux derniers
qu'ils nomment madiers radiers, ioignent & limitent ce qui s'appelle en
general *quartiers ou anches de la Gala-*

re, & en particulier *intrade de prouë*, & *laiſſade de pouppe*, qui ſont les endroicts où elle commence à s’eſtrecir; & pour cet effect ſe mettent de coſté & d’autre, & de meſme force & diſtance, ce qu’ils nomment en general *emplement* ou *complement*, qui eſt cóme de faulces coſtes, dont il y en a de chacun coſté quatre, qui s’appellent *ſenglons* : & des fourcats 20 à la prouë, & 26 à la poupe : qui tous s’eſtreciſſent & ſe hauſſent, d’autant qu’ils approchent des extremitez, & ſe forment non pas comme les madiers (pour leſquels auec leurs eſtemenaires, il y en a vn moulle) mais au iugement du maiſtre, lequel en cela auſſi bien qu’aux ſoubs-baſſemens monſtre ſa principalle induſtrie pour donner vn beau galbe à tout le corps, & à chacune des parties. Ce qui ſe fait lors qu’elles ne ſont ny trop eſlancees, c’eſt à dire approchantes de la ligne droicte, ny trop reti-

rees, qui s'entend courbees fur tout à
la prouë & à la poupe : mais fi iufte-
mét mefurees & proportionnees, que
la galaire foit aggreable & difpofte
tout enfemble, qui font qualitez ordinairement conioinctes, & qui la ré-
dent egalement propre à la voile & à
la rame.

En cefte forte qui eft de la voir feulement auec fes os, on luy donne deux
couuertures de grands ais, l'vne au dehors qui s'appelle *Rombaillerie*, dont
les fentes qui fe calfatent s'appellent le
comment : l'autre au dedans fe nomme *fourrure*, laquelle defcend depuis
le hault du corps iufques aux *deux ef-
coües* qui formét vne oualle au fonds,
où fe met *la faure* compofee de petits
caillous ou gros grauier, qui fert à faire enfoncer la Galaire, & l'empefcher
de fe rendre ialoufe, ainfi qu'ils appellent les vaiffeaux qui branflent trop de
cofté & d'autre , & courent fortune

de ſe renuerſer. Pour la *rombaillerie* auec laquelle elle eſt attachée de grands clouds de fer qui paſſent au trauers des madiers & eſtemenaires, elle commence bien du plus bas, qui eſt la carene, mais elle va ſeulement iuſques à l'enceinte qui embraſſe tout le corps de la galaire, & iuſques où elle entre à peu pres dans la mer par le milieu lors qu'elle eſt chargee. La haulteur de ceſte enceincte, qui s'appelle *cordon*, eſt d'enuiron trois poulces ſeulement, & ſe void ordinairement façonnee vers la poupe ainſi que la *voltiglole* ou *maſſane*, qui eſt vn autre cordon au deſſoubs pour la pouppe ſeulement, & qui ſepare le corps d'auec ce qui s'appelle ſpecialement laiſſade de poupe. Au deſſus de ceſte enceinte eſt le *contault*, c'eſt à dire contrehault eſpois de trois poulces oultre la fourrure, & de la hauteur d'vn pan & demy, mais qui va diminuant du milieu

milieu aux extremitez de la prouë &
de la poupe. Puis la derniere piece eſt
le *trinquenin* ſeulement hault de quatre poulces, & vn peu plus eſpois, à
cauſe que c'eſt d'où tombent en mer
les immondices de la *couuerte* qu'ils
comparent à celle d'vn coffre; laquelle
pour meſme reſpect de l'eſgouſt s'ab-
baiſſant vn peu du milieu aux extremitez, eſt ſouſtenue par deſſouz, premierement de 16 *courbatons* de chacun coſté, qui ſont 32 en tout, attachez
ſur la *fourrure* & aux eſtemenaires,
pour ſeruir comme d'anchres contre-
forts ou corbeaux ſur leſquels ſont
poſees les *lattes* qui ſeruét comme les
ſoliues à vn plancher. Par le milieu &
au deſſous deſquelles regne ce qu'ils
appellent *la biſcherie*, appuyée ſur les
pontaux, qui ſont comme les appuis
ou ſoubspoultres aſſis ſur *la carene ou*
contrecarene, autrement *palmier*, & qui
ne luy ſeruent pas moins qu'à la cou-

uerte pour tenir en eſtat ces deux
parties du milieu, les plus importantes
de toutes, & empeſcher que les autres
ne ſe deſmentent & quittent le mu-
tuel office qu'elles ſe rendent auec plus
d'induſtrie & de iulteſſe, que les pa-
rolles n'en ſçauroyent exprimer.

　Ayant donc à peu pres rapporté ce
qui ſe peut dire du corps, excepté ce
qui eſt des *chambres* leſquelles ſe font
par le menuſier, auſſi bien que la poupe) apres que le maiſtre d'hache a par-
cheué les autres parties de l'œuure
morte: Nous parlerons maintenant de
ceſte partie, qui eſt la ſeconde de ma
diuiſion, mais la premiere qui ſe pre-
ſente à ceux qui ne la regardent qu'en
mer : & continuant au meſme ordre
que les pieces ſe mettent, Il en faut
premierement conſiderer deux des
plus remarquables qui s'appellét proprement *iougs*, pour les raiſons ſuiuan-
tes, leſquels diuiſent en trois : le corps,

dont i'ay cy deuant monſtré que la longueur eſt de 58. gouës. *Le col de la proue* en prend 4. & vn pan, & ſe forme (comme i'ay cy deuant dit) d'vn Iſocelle, dont la baſe eſt d'enuiron 3. gouës, qui eſt la largeur du corps à l'endroict où ſe met *le ioug* qui ſe dit *de proue.*   L'autre partie oppoſée en prend 5 goues, 2. pans, qui eſt pour *le col de la pouppe*, dont la baſe, qui eſt l'autre ioug, occupe *3* gouës & demy : mais pource qu'elle ne ſe termine pas en angle cóme la prouë (ainſi que i'ay remarqué en la difference des baſtardes & ſubtilles) il ſuffira ſeulement de dire, que ceſte extremité, ſur laquelle ſe poſe le *draguant*, eſt ordinairement large de deux gouës ou enuiron. De ceſte ſorte ſe voit que ces deux iougs qui deſbordent de coſté & d'autre hors le corps, iuſques à la valeur de vnze gouës en tout, qui eſt toute la largeur de l'œuure morte, enferment

B ij

48. gouës de long, & tirant deux lignes droictes des extremitez de l'vn
à l'autre, par cõsequent ferõt parallelles
se trouue vne figure à peu pres plane,
que les Mathematiciens appellent pa-
rallellogramme, dont le contenu est
de 528. gouës, qui sont vn peu plus de
74. canes ou toises carrees. Mais pource que ceste superficie desire vne description plus particuliere auparauant,
que d'y venir, ie paracheueray les autres parties de l'œuure morte, qui ten-
dent à mesme fin que ces deux iougs,
c'est à sçauoir à soustenir tout ce qui
desborde hors du corps, mais sur tout
les apostis sur lesquels se posent les *rames*, dont nous parlerons aussi en leur
ordre apres auoir dit, que la Galaire
estant en cet estat en terre, peu plus ou
moins aduancée pour l'œuure morte,
elle *s'aualle* dans l'eau auec assez de
difficulté & de peril, apres y auoir auparauant esté dit vne Messe, & donné

le nom par vn parain & vne maraine,
qu'ils difent baptifer.

Doncques les premieres pieces de
prouë & de pouppe, qui font les plus
proches de l'eauë, font 12. pieces de
chaque bout & cofté, faifant 48. en
tout, qui s'appellent *courts baftons
de fottofrin*, & font cloüez fur le contault pour eflargir & fortifier ces endroicts qui font les plus eftroicts du
corps à l'efgal du large, qui eft vers le
milieu. Les 4. *fottofrins* qui croifent
les coursbaftons ne feruent qu'à les
lier pour les affermir, & font ordinairement façonnez ; Au deffus de ces
courbatons, & tout du long du corps,
font inferez, en efgalle diftance dans le
mefme contault 56 pieces de chacun
cofté, qui font 112. en tout, lefquelles
fe nomment *coudelates*, & appetiffen
d'autant qu'ils approchent du milieu
où elles s'abbaiffent vn peu, & reçoiuent vne longue piece debois efpoiffe

d'enuiron 4 pouces en quarré, qui s'appelle *tapiere*, ordinairement façonnée en cordon ou feuillages· Cela fait l'on vient aux *bacalas*, qui commençent à se cloüer sur la couuerte la longueur de 2. goüës, & continuent sur les coudelates, vn sur chacun, de sorte qu'il y en a mesme nombre de 56 de chacun costé: pour tenir lesquels en estat, & empescher qu'ils s'approchent les vns des autres, se posent & cloüent dessus, & de chacun costé vne longue piece de bois qui s'appelle *couradour*, & en mesme parallelle & longueur se mettent sur lesdits bacalas ce qu'ils nomment *rayolles* pour empescher que les espaces par où l'on regarde dans la mer ne soyent si ouuerts que les forcats si puissent glisser. Ces bacalas se trouuás plus courbes au milieu qu'aux extremitez, s'aduançent autant hors le corps de la Galaire, que font les deux iougs, & s'esleuent les vns & les autres

d'enuiron vne goüe pour fouftenir les
deux *apoftis*, qui font de la mefme longueur que la tapiere, mais deux fois
pl⁹ efpois, pl⁹ droicts, & fi peu foubs-
baiffez qu'ils ne le parroiffent comme
point. Ils font ainfi forts, pource que
ce font eux qui portent toutes les rames attachees par vne groffe corde
qui s'appelle *Aftroq*, à vne groffe che-
uille de bois qui fe nomme *Efcome;*
& ce qui eft beaucoup plus pefant, &
plus violent l'effort de la chiurme, qui
eft de 125 hommes de chacun cofté.
Outre laquelle pefanteur s'attache
perpendiculairement par le dedans,
& aux bacalas *13 batayolles* de chacun
cofté, qui font gros baftons carrez
d'enuiron 4 pouces, & haults de 4.
pans, au trauers defquels & en parallelle de l'apofti, fe mettent *les deux*
fillarets d'enuiron mefme groffeur que
les batayolles, qui feruent de ce qu'on
dit aux ponts, gardefou, & lors qu'on

vient au combat, se met tout du long,
comme aussi sur les rambades, ce qu'ils
nomment *pauesade*, qui est ou d'aiz,
ou vne grande piece de drap, ordinairement rouge, qui couure les soldats,
& la chiurme des mousquetades ou
harquebusades, & leur sert de para-
pet.

Or estant ainsi remonté à la superficie, dont i'ay cy deuant mesuré les
lignes, ie la feray maintenant voir, ainsi que i'ay promis, par vne diuision
facile & qui pourra à mon aduis laisser
vne viue impression de ce qui paroist
le plus des Galaires, à ceux qui ne les
voyent qu'au port : & ainsi ie la di-
uiseray premierement en trois, puis la
subdiuiseray en mesme nombre, qui
seront seulement neuf parties en tout,
dont il se faudra souuenir. La premiere sera de ce qui est entre, & oultre les
deux iougs. Outre les deux iougs sont

premierement, le plancher de la poupe plus eſtroit que ſon ioug , mais qui
s'y eſgale de niueau , ſans aucune marche ny degré : Secondement la couuerte de l'Iſocelle de prouë , qui s'appelle *Tabourin*, de deſſus lequel l'on
charge l'artillerie , & ſe iettent en mer
les anchres ou riſſons. A la poincte duquel tabourin eſt l'eſperon qui s'ad-
uance hors le corps de la Galaire de
cinq gouës, ſouſtenu à coſté par deux
pieces de bois qui s'appellent *cuiſſes*,
& au deſſoubs par vne autre qui ſe
nomme *Taillemar* , pource que c'eſt
luy qui fend la mer. La ſeconde partie
eſt de ce qui eſt entre ces deux iougs,
ioignant leſquels ſont premieremēt
ce qui ſe nomme *l'eſpalle*, qui eſt le lieu
où l'on met le premier pied dans la
galaire, apres y eſtre monté de *l'eſquif*
ou caiq par cinq ou ſix degrez que
contient l'*eſcale*, dont il y en a vne at-
tachee à chacun des coſtez du ioug

entre la poupe & le *biton*, qui eſt vne
piece de bois ronde & haulte de deux
pans ſeulement, par où la galaire s'attache en terre. Ceſte eſpale prend de la
longueur enuiró trois gouës, qui ſont
quelques 27 de ſuperficie. Secondement à l'autre bout, & d'enuiron meſme eſpace ſont les deux *Rambades* ſeulement diuiſees par *la courſie*, qui ſont
comme deux commandemens, eſgal-
lement hauts d'enuiron 6. pans, ſur
chacun deſquels peut tenir 14 ou 15.
hommes, tant pour combattre auec
aduantage, que pour inueſtir, c'eſt à
dire ioindre les vaiſſeaux ronds qui
ſont hauts. Au deſſous ſont l'artillerie
& les priuez, & ce coſté là s'appelle la
conille, & les forçats *cornilliers*, qui
ſont d'autant plus miſerables qu'ils
ſont eſloignez de l'eſpalle, & des eſpal-
liers. La troiſieſme & derniere diuiſion eſt de ce qui eſt entre l'eſpalle, &
les rambades, qui ſe doit conſiderer

en trois autres parties, dont il y en a
deux qui font doubles, & fe difent
droicte & gauche, en regardant de
pouppe à prouë, & celle du milieu,
qui fe nomme *courfie*, affife fur ce
qu'ils appellent *riz de courfier*, & en
Italien radicate, c'eft à dire racines ou
fondement de ce qu'ils nomment *car-*
tiers de courfie, furquoy l'on marche, &
ce qui fe leue, lors qu'on veut defar-
borer, c'eft à dire mettre l'arbre dedans. Cefte courfie eft comme la ruë
de la Galaire par laquelle on va d'vn
bout à l'autre, large de deux pans, au
commencement du *tabernacle*, qui
eft vn lieu d'enuiron fix pans de long,
& efleué d'vn degré au deffus du refte,
qui eft la place d'où le Capitaine fait le
commandement : & la courfie conti-
nuât iufques au ioug de prouë, s'eflar-
git d'enuiron vn demy pan, pour la
commodité du canon de courfie. Ioignant & au niueau de la courfie, font

les bancqs, & au deſſous *la banquette*
puis *la pedagne* vn peu plus haute, ſur
laquelle en voguant demeure touſiours le pied qui eſt enchaiſné, à ſçauoir le gauche à la bande droicte, &
le droict à la bande gauche. Il y en a
26. de chacun coſté eſloignez l'vn de
l'autre de 5. pans, reſerué que de gauche le 8ᵉ. *ſert de fougon*, qui eſt la cuiſine,
duquel neantmoins on peut voguer
en cas de neceſſité. Par ce que i'ay remarqué cy deuant ſe peut voir qu'ils
ont iuſques au bord de la couuerte 10.
pans & demy de long, & de plus ont
encores enuiró deux pans, & le deſſous
de l'arbaleſtriere qui regarde dans la
mer pour la commodité des forçats
qui appellent cet endroit *le ramier.*
Ainſi reſte de toute la largeur de chacun coſté 3. pans qui ſont pour ceſte
Arbaleſtiere, ainſi nommée à cauſe des
arbaleſtes, dont on vſoit ancienne-
ment, où ſe met partie de la ſoldateſ-

que, auec moufquetaires, & lors qu'on
eft en mer fe met le *caiq* à la bande
droicte, vers le huictiefme bancq fur
deux *caualets*, en forte qu'il n'empef-
che ny les foldats, ny les forçats.

Ayant donc veu ce deffus l'on peut
defcendre dans les *chambres* qui fe de-
partent à la difcretion du Capitaine,
& different toutefois peu d'vne Galaire à autre de mefme grandeur, &
font fix en nombre qui ont toutes
communication les vnes aux autres
par deffous, mais outre cela ont chacun *vn porteau*, & defcente de deffus la
couuerte; la premiere la plus belle &
la principale eft celle *de poupe*, qui feule a 2 ou 3. feneftres à chacun des coftez, & au bout du cofté de poupe,
comme vn petit cabinet *qui s'appelle*
le gauon, lequel tire fa lumiere de 2. petites ouuertures rondes qui s'appellét
cantanettes, entre lefquelles eft le tymon ou gouuernail manié auec *lariau*

par deux cordes qu'ils nomment *bri-*
des du tymon attachees à vne poulye.
L'vne & l'autre de ces deux pieces, à
ſçauoir le gauon & chambre de poupe prennent des 58 gouës enuiron 9.
& y deſcend on par vne ouuerture fai-
ƈte contre la poupe à coſté du tabernacle. La ſeconde s'appelle chambre
de l'eſcandola, où ſe loge l'argouſin auec
les armes, & s'y deſcend par le 6. banc
à main droiƈte. La 3ᵉ. *eſt la compagne*
où ſe met le Major dome, auec là
viande, & s'y deſcend par le 10 banc, à
gauche. La quatrieſme s'appelle *le*
paillo, où ſe met l'eſcriuain, auec le
pain & le biſcuit, & s'y deſcend par le
12. banc droiƈt. La 5. ſe nomme *miege*
ou mezance, où ſe met le Comite auec
toutes les voiles, & s'y deſcend par le
16. banc à gauche proche l'arbre, *Et la*
6ᵉ. *chambre* de prouë, au bout dé laquelle eſt auſſi vn gauon où ſe mettent le ſoubscomite, & quelques au-

trés, auec les cordages, medicaments, & autres menues neceſſitez de la Galaire, & s'y deſcend par le 23. bancq à droit.

Reſte maintenant la *poupe* qui eſt la partie de toutes celles de la galaire qui paroiſt le plus, ſur tout dans le port, dont la ſtructure n'eſt pas moins aggreable que les ornémens. Elle s'eſlargit de chacun coſté hors le corps d'enuiron vn pan & demy, par le moyen de petites *conſoles* qui reçoiuent les *maſſerets*, leſquels ſe ioignans au *draguant* (qui fait l'extremité de la poupe, & porte la deuiſe des galaires) s'en peuuent dire les fondemés : comme les principales voultes, ſont deux groſſes tenailles de bois, de la haulteur d'enuiron ſept pans & demy, l'vne ioignant l'eſpale, & l'autre le draguant, ſur lequel ſe met *le reuers*, & ſur chacun des deux maſſerats trois ou quatre autres *paneaux*, tous de la haulteur

d'enuiron trois pans, diuerſement fi-
gurez de fables ou d'hiſtoires; & la
pluſpart auec les autres pieces qui en-
uironnent la pouppe, peintes & do-
rees. Sur ces paneaux, & les pieces qui
les lient ſe mettent *les bandins* (ſur leſ-
quelz on s'appuye eſtant debout dans
la pouppe) qui ſortent outre la longueur du corps d'enuiró 8. pans, pour
ſouſtenir (auec les grandes conſoles
qui ſont ordinairement formées en
Hercules , Amazonnes, Turqs , ou
autres figures) vne eſpece de *banq*
fermé par dehors de petits baluſtres
qu'ils nomment *ialouſie de mezze*
pouppe,   & d'vne piece figurée à iour
qu'ils nomment le *couronnement*.
Dans lequel bancq ſe mettent les ty-
monniers, leſquels quand il eſt beſoin
de leuer le tymon, ſe ſeruent auec la
corde d'vne piece de bois, ſur laquelle ils mettent les pieds qui s'appelle le
moulinet. Au deſſus des bandins ſont
attachees

des verges de fer de la groſſeur d'vn
poulce, leſquelles courbees, & ſor-
tans d'enuiron vn pan pour eſlargir la
poupe, reçoiuent les deux bandinets,
ſur leſquels ſont les *Arſeaux* ou *guerites*
qui ſe vont inſerer dans la fleſche, qui
eſt comme la clef de la voulte, laquelle s'auançant vn peu plus que les bandins au dehors, porte au deſſus vne figure en relief qui regarde vers la
prouë, ſoit de lion, d'aigle, ou autre, &
reçoit à l'extremité les armes du Roy,
comme chacun des bandinets, celles
du capitaine, & là ſe finit l'acheue-
ment de la poupe; qui a de plus ſur la
realle ſeulement trois fanaux, & vn
ſur la Regine, & quelques autres, pour
eſclairer la nuiçt en mer. Au deſſus de
la pouppe, & pour la defendre de la
pluye, ou de l'ardeur du ſoleil, ſe met
le tendelet appuyé ſur les *perteques* &
pertequettes, le tout façonné & paré

à l'efgal des autres parties de pouppe,
d ont tous les eftrangers demeurent
d'accord que les noftres emportent
l'aduantage , & ne cedent à gueres
d'autres à le prendre en tout.

3. Partie. Ayant acheué ce qui eft de l'œuure
morte, reftent les autres trois parties,
qui toutes enfemble ne font pas la
moictié fi longues à defcrire, que l'vne
des deux premieres : car pour cefte
troifiefme, qui eft des rames, arbres,
& entennes , il fuffit de fçauoir que les
rames qui s'entendét fous le nom general *de Palamanie* , font de la longueur de 54.pans, accompagnees chacune de deux *galuernes* qui fe pofent
fur l'apofti, pour la conferuation des
rames ; & pour les manier vne *mani-
uelle auec le giron au bout* , pour ceux
qui font les plus proches de la courfie.
Pour le nombre ayant dit qu'il y en a
vne pour chacun bancq, il eft aifé d'é-
tendre que c'eft 52. en tout, compris

celle du fougon, où se fait la cuisine,
qui ne vogue pas tousiours. Pour les
arbre qui s'appellent mats aux nauires & batteaux, c'est chose rare d'en
voir plus ou moins de deux, sinon à
celles de Turquie qui ne portent ordinairement que le plus grand qui
s'appelle *arbre de maistre*, qui a enuiron deux pans de diamettre par le bas,
& s'amenuise par proportion iusques
au haut ; oultre lequel les Chrestié-
nes en ont vn autre qui se nomme le
Trinquet. Le premier pour se dresser
descend le long *de la canau*, qui sert
pour l'appuyer de costé & d'autre,
& tombe sur vne grosse piece de bois
qui s'appelle *l'escasse*, posée sur la con-
trecarence vers le 17. bancq, en sorte
qu'il se peut iustement enfermer dans
la coursie, tirant de ce lieu vers la poupe où il se peut par consequent mesurer. Le trinquet qui est bas de plus
d'vn quart, & menu à proportion, se

met au bout de la Rambade ioignant
le biton de bande gauche, afin de laif-
fer le canon de courfie libre ; & au
haut de l'vn & l'autre de ces arbres, eft
ce qu'ils appellent le *calcet*, dans lequel y a deux groffes poulies de bron-
zes , pour tirer les cordes qui s'appellent *vettes de guinda* , auec lefquelles fe hauffent & baiffent (qu'ils difent
hiffer & amainer) les *entenes* (& par
confequent les voiles) fouftenuës par
les amans, dont celle de maiftre auec le
pigon qui fe met au bout, eft pres qu'-
auffi longue que toute la Galaire, &
celle du trinquet à proportion.

La quatriefme partie qui eft des
tentes, voiles, & cordages emporte-
roit plus que tout le refte, à qui les
voudroit tous nommer, & dire les di-
uers vfages aufquels ils fót employez:
mais pource que ce font chofes qui di-
ferent pluftoft de longueur & groffeur , que d'autre chofe qui merite

d'eſtre examinée, ie diray ſeulement
pour les tentes, qu'elles ſont deſtinees
pour couurir & defendre des iniures
du temps, tout ce qui eſt entre la poupe & les rambades, où ſont les ſoldats
& les forçats. Il y en a touſiours deux
ſur chacune Galaire, ſouſtenuës au deſſus de la courſie à la hauteur de quatorze pans au moins, par vne longue
corde, appuyée ſur de gros baſtons
ronds qui ſe ioignent par le haut, &
s'appellent *cabres*, poſez aux extremitez du coſté ioignant les apoſtis.
La premiere & la plus mince prend
ſon nom de la matiere dont elle eſt
faicte, qui eſt de coton, & s'appellent
tente de cottonine, qui ſert toute ſeule
pour euiter l'ardeur du ſoleil, ou le ſe-
rein: l'autre ſe dit *tente d'herbage*, qui
eſt d'vn gros & fort drap couleur de
bure, pour defendre de la pluye, du
froid, ou autres iniures de l'air. Pour
les *voiles*, elles ſont toutes latines, qui

vient du mot de trina, c’eſt à dire triã-
gulaires, dont le plus haut s’appelle *la
penne;* celuy de vers prouë, *la carnau,* &
le plus bas *l’eſcot* ; reſerué celle qui
s’appelle le *treoù,* qui eſt carree, & du
genre de celles qui s’appellent *quaires,*
qui ſert pour aller doucement ; la
bourde pour vn temps mediocre le
marabout pour la tempeſte, & la *ba-
ſtarde* la plus grande de toutes , pour
recueillir le plus de vĕt lors qu’il y en a
le moinsſur mer. Outre les ſuſditesqui
ſeruent pour l’arbre de maiſtre , il y a
celle du trinquet, & s’en met auſſi quelquefois, (mais tres-rarement) vne qui
s’appelle *Mezanin,* auec vn arbre entre l’arbre de maiſtre , & la pouppe
pour aller plus viſte. Pour les cordages les plus gros ſont les *cables* ou *gu-
menes* qui ſeruent à arreſter la Galaire
& les moindres les *mataſions,* qui en
ſont comme les eſguillettes pour atta-
cher les moindres pieces ; tous les au-

tres font de moyenne groffeur, dont
les plus remarquables font les cinq
couftieres de chacun cofté pour fouftenir l'arbre de maiftre, & trois pour
celuy de trinquet.

Reftent les riffons & l'artillerie qui
font la cinquiefme & derniere partie 5. Partie.
des deux aufquelles i'ay diuifé generalement la Galaire. Des *riffons* (qui different des anchres en ce que ceux-cy
n'ont que deux branches, & les riffons
quatre tous de fer) il y en a deux pour
la prouë, & deux pour la pouppe, qui
font en tout quatre, outre deux de
refpect, ou refpit, c'eft à dire de refer-
ue, pour ietter dans la mer lors qu'on
veut arrefter la Galaire. Pour l'artillerie, il s'en conte neuf pieces en prouë,
dont la plus groffe qui eft au milieu
s'appelle le *courfier ou canon de cour-*
fie, de mefme force, pefanteur, & calibre que celles qu'on nomme de batterie, ou du calibre de France, qui por-

te de 33. à 34. liures poids de Roy, ou
de marque, & à son recul le long de la
coursie, iusques à l'arbre de maistre, où
se met quelque matiere obeyssante
pour empescher qu'il ne l'offense. Les
deux autres plus proches s'appellent
moyennes, & portent seulement de
cinq à six liures de balle. Aupres d'elles sont les *perriers*, qui ont plus d'em-
boucheure, & se chargent de balles
de pierre, pour tirer de pres, & fracas-
ser. En troisiesme lieu sont les *vers* ouuerts par dessus qui se chargent auec
balle & boistes plaines de clouds & de
fer pour tirer aussi de pres; & les plus
esloignees du coursier, sont les *escar-*
pines de la grosseur d'arcsbouses à
croc, dans lesquelles se mettent des
balles ramees pour coupper les voiles
& cordages; ainsi que dans quelques
vnes des autres pieces il s'en peut mettre, & quelquefois des chaisnes de
fer pour abbattre les arbres & les en-

tennes, qui au combat des Galaires se
mettent bas, ou s'attachent en sorte
qu'il est impossible de les faire tomber sans vn accident extraordinaire.Il
se met aussi quelquefois deux pieces
moyennes sur les deux costez de l'espalle, mais c'est tres rarement.

De m'estendre dauantage sur ceste
premiere partie des deux ausquelles
i'ay reduict ma diuision generalle, ce
seroit me rendre ennuyeux à autruy,
aussi bien qu'à moy mesme, qui me
suis seulement proposé de toucher ce
qui est de plus remarquable, sans pe-
netrer plus auant dans l'art de ceux
qui en font profession , & qui sont
d'autant plus rares que les Galaires le
sont en comparaison des autres vais-
seaux.Ce qui se peut aussi dire des personnes comprises sous la seconde &
derniere partie de ceste description,
desquelles ie parleray encores plus
succinctement, & les subdiuiseray en

quatre qui font les chefs, les officiers
& mariniers, les foldats & les forçats,
referuant pour vne efpece de corol-
laire les paremens qui font communs
aux Galaires & vaiffeaux ronds, & vne
fuccinte fpecification & denomina-
tion des vns & des autres, qui font
maintenant en vfage fur la mer medi-
teranée.

Ie n'ignore pas qu'aux lieux ou la
difcipline eft mieux reglée qu'entre
nous, le Capitaine s'entend communement fous le nom des officiers, auffi
bien que les autres qui ont commandement ; mais pource que nous ne
fommes pas moins delicats en paroles
qu'en autres chofes, i'ay creu qu'il
importoit d'autant moins de luy donner ce nom de chef, qu'il reprefente
iuftement l'importance de cefte partie : car comme toutes les autres luy
doiuent honneur, refpect, & obeif-
fance, auffi leur doit il le foing, la vigi-

lance, & la preuoyance, qui font d'autant plus neceſſaires à ceſte conduicte
que les perils y ſót grãds; nõ ſeulemét
pour eſtre, ainſi que les autres vaiſſeaux, expoſés aux dangers de la mer,
ou ceux des autres elemés, ſoit de l'air,
de la terre, ou du feu, ſont le plus à
craindre, mais pour eſtre plus obligée
à ſuiure les coſtes où il n'y a pas ſouuét
moins de peril qu'en plaine mer: & de
plus, pour eſtre ſubiecte à plus d'officiers de diuerſes charges qui peuuent
cauſer des accidés innumerables; non
ſeulement par leur inſuffiſance, mais
par l'artifice d'vn ennemy qui aux oc-
caſions importantes n'eſpargne rien
pour les corrompre, s'ils n'en ſont
empeſchez par la preuoyance du chef
qui y doit d'autant mieux prendre
garde, qu'il luy importe le plus; &
pour ceſt effect de bien cognoiſtre
ceux qui ſont ſous luy, & la iuſte por-
tée & limites de leurs charges, quand

ce ne feroit que pour empefcher les entreprifes & ialoufies des vns fur les autres, d'où naiffent fouuent de grãds defordres ; fur tout quand ils n'ont pas l'opinion qu'ils doiuent auoir du iugement & de la fuffifance de celuy qui leur cõmãde, auquel fi l'affeurãce & la refolution font neceffairesparmy tant de perils, c'eft principalement en ceux du cõbat, où il prend place fur le lieu le plus eminent de la courfie qui s'appelle *le tabernacle*, d'où il fait fes cõmandemés, & fe porte foy mefme où la neceffité l'oblige, pour ne tefmoigner pas moins de courage & d'affection à la conferuation de tous, que tous en doiuent à la fienne & à fa reputation, qui doit tenir lieu de vie à ceux qui font veritable profeffion d'honneur & de vertu.

Ce que i'ay dit du Capitaine fe doit à peu pres entendre du Lieutenant, lequel commandant au quartier

de proüe a aussi les deux rambades
esleuees (comme i'ay dit) de cinq pieds
de hault; sur chacune desquelles se
peuuent mettre dix ou douze soldats
commandez par vn des caporaux, ou
de quelque autre à qui on veut faire
de l'honneur, pource que ce sont ordinairement ceux qui ont la poincte,
& d'où les premiers sautét sur les vaisseaux, au niueau desquels ils se trouuét
par ceste haulteur en la plus part.

Suyuant l'ordre des monstres &
payements d'officiers, l'*Aumosnier* suyt
le Lieutenant, & souuent apres l'Aumosnier, l'*Escriuain*, le *Pilote*, le *Comite*: comme aussi le *Chirurgien* & *Appo-
ticaire*, qui en quelquesvnes se mettent soubs le Chapitre qui s'appelle
Maistrance, dont sera parlé cy apres:
& suffira pour l'Aumosnier de dire
seulement qu'il est obligé tous les Di-
manches & festes commandees de dire la Messe sur le port, ou en terre,

d'où les forçats & officiers l'entendét: (n'estant pas permis de la dire en mer sur quelque vaisseau que ce soit,) & aux quatre bonnes festes, sur tout à Pasques, de les exhorter à la Confession, & ouyr ceux qui le desirét, pour se disposer, s'ils veulent, à la Communion. Il est aussi obligé lors que les Gallaires vont en mer, d'y monter ainsi que les autres officiers suyuans, qui tous outre leurs gages, ont certaine quantité de pain par iour, & du vin & viandes, ou de l'argent à l'equipolent.

L'*Escriuain* est celuy qui tient compte de tout ce qui appartient à la Galaire, qui y entre, & qui en sort, qui fait les achapts & prouisions, & les tient soubs sa charge: pour le soulagement de laquelle plusieurs ont vn *Soub-escriuain*, & quelquesvns vn *Major-Dome*, qui a seulement charge des viures.

Quant au *Pilote*, il n'a autre charge
que de donner le chemin, & euiter les
escueils qui sont dans la mer, desquels
il est responsable, s'ils ne sont extraor-
dinaires & presque incognuz. A quoy
il est assisté par ses *Conseillers*, qui sont
ordinairement au nombre de quatre
des plus vieux, ou experimentez mariniers, qui seruent à plusieurs autres
choses sur la Galaire, & à conduire l'esquif quand il est besoing, pour aller
recognoistre quelque vaisseau, vn ter-
rain, ou quelqu'autre chose. Il est aussi
souuent assisté de conseil par le Comi-
tc, qui venant à vieillir deuient ordinairement bon pilote, & souuent n'en
sert pas moins que le pilote mesme,
qui n'est pas absolument necessaire
pour chacune Gallaire en particulier,
nonplus que le Patron qui est comme
chef des mariniers lors qu'elles vont
en compagnie, mais seulement à vne
ou deux des premieres qui donnent le

chemin aux autres.

Apres ceux cy fuyt le *Comite*, qui fe peut dire le plus neceffaire officier de la Galaire, le plus difficile, le plus laborieux, & auffi le plus rare à trouuer tel qu'il fe peut defirer, pour la diuerfité de fes charges, dont la premiere eft de mettre la Galaire *en eftiue*, qui eft la balancer de forte qu'elle aille le plus vifte qu'il fe peut. Ce qui eft fi important, qu'vn hôme de trop de part ou d'autre, fur tout aux coftez, la peut fenfiblement retarder & mettre hors d'eftiue : qu'il prend auec le plomb & la corde le long de l'arbre (qui panche vn peu vers la prouë) pour former l'angle qui eft neceffaire à fon iugement, auquel il remet la Galaire, & appellent ceft inftrument *l'Efcandail*, ainfi qu'ils nomment vn autre auec lequel fe fonde la mer. Sa feconde charge eft de *leuer la Galaire de pofte, & l'y mettre*, c'eft à dire, la tirer du lieu

d'où

d'où elle part, & la mettre à celuy où
elle doibt prendre place:en quoy il y a
plus d'induſtrie qu'il ne ſemble.   La
troiſieſme eſt de temperer, qu'ils diſent *tremper les voiles*, ſelon qu'ils iu-
gent que la galaire peut le mieux aller,
& porter le vent. Et la quatrieſme, de
faire ſeruir & voguer la *Chiurme*, qui
eſt la compagnie des forçats. A quoy
l'induſtrie & la parole a plus de vertu
que le *gourdin*, qui eſt vn baſton plat
de deux doigts de large, ou le *nerf de
bœuf*, qui ne trauaillent pas moins le
Comite que la Chiurme meſme; com-
me auſſi le *Soubſcomite*, qui fait aller le
quartier de prouë, qui eſt entre l'arbre
de maiſtre & le Trinquet. Ce nom qui
vient de *comis*, c'eſt à dire Doux, leur a
(ce tient-on) eſté dóné, comme quelques autres, pour ſignifier le contraire
de ce qu'ils ſont. Mais il y a plus d'apparence de dire ſelon les plus raiſon-
nables, que c'eſt veritablement pour

D

les aduertir d'vſer du plus de douceur qu'ils peuuent enuers ces pauures miſerables, qui pour meſme raiſon iont permiſſion de les appeller, comme ils ſont communement, *noſtre homme*; les obligeans ainſi continuellement à ſe ſouuenir qu'ils ſont tous hommes, & qu'ils ne doiuent iamais oublier l'humanité: à laquelle les Capitaines les doiuent exhorter, & reduire autant que le ſeruice de la Galaire le peut deſirer & permettre.

Apres le Comite ſuyt ordinairemét l'*Argouſin*, dont le nom viét d'Algouzil, qui en Italien ſignifie le Preuoſt, ou Chef des Archers, & a charge d'enchaiſner ou deſchaiſner les Forçats, & viſiter leurs chaiſnes dans la galaire; ce qu'il fait deux fois le iour, & dauantage la nuiᘓt, ayant pour ſon ayde le *Soubsargouzin*: & lors qu'ils ont deſchaiſné quelque Forçat, ou quelque couple (ainſi qu'ils vont ordinairemét

auec leurs chaiſnes, qu’ils appellét *brã-
ches*, ou *brancades*) ils les mettét entre
les mains d’vn ou pluſieurs de ceux
qu’ils appellent *compagnons* ou *gardes*,
pour les mener où il eſt beſoing, comme à aller querir le pain, l’eau, les vſtã-
ciles, & autres neceſſitez de la Galaire.
Leſquels gardes au nombre ordinaire
de douze ou quatorze pour galaire,
outre ce qu’ils ſont reſponſables des
forçats qui leur ſont baillez en charge,
ſont auſſi obligez de faire ſentinelle
toute la nuiĉt, qu’ils diuiſent par *em-
poulettes*, qui ſont horloges de ſable,
ſelon l’eſpace des nuiĉts, pour empeſcher qu’il ne s’en ſauue quelqu’vn, cóme il ſe fait quelquefois, nonobſtant
toutes les preuoyáces & ſoings qu’on
y peut apporter, comme de tenir
toute la nuiĉt pluſieurs lumieres dans
la galaire, viſiter ſouuent les chaiſnes, obſeruer le ſilence, & chaſtier ru-
dement ceux qui taſchent à ſe ſauuer,

D ij

tant le defir de la liberté a d'inuentiós & de puiffance.

I'ay affemblé tous ces officiers pour la correfpondance de leurs charges, encore que de tous les autres, ces gardes, ou compagnons foyent tenus les moindres: car apres l'Argoufin fuyt ordinairement ce qu'ils appellent la *Maiftrance*, qui font le *Remoulat*, qui a charge des rames, pour les tenir en eftat auec ce qui les regarde. **Le *Maiftre d'hache*** qui radoube le corps de la galaire lors qu'il eft befoin: le *Calfat*, qui ferme les ouuertures auec la poix & l'eftoupe. Le *Barillar*, qui a foing des barils où fe met l'eau des Forçats, des boutes ou poinçons où fe met le vin, & autres poinçons & rellieures.

Ce font les officiers ordinaires & neceffaires, outre lefquels il y a en quelques-vnes le *Mouffe d'Argoufin*, qui luy eft comme garçon: & le *Bar-*

berot qui fait le poil aux Forçats. A quelques-vns defquels pour leur apprendre à jouër des trompettes, des fluftes, ou hautbois, il y a des maiftres qui ont appoinctement ordinaire fur la galaire. Le plus rare de tous, & qui fe trouue le moins eft celuy qui s'appelle *Mourgon*, qui plóge dans la mer pour chercher ce qui y tombe des galaires, & s'en eft trouué qui y demeuroyent vn quart d'heure, & quelquefois demy heure.

Outre toutes ces chofes, lors que la Galaire va en mer, ou en voyage, il luy eft neceffaire d'auoir quelque nombre de mariniers qui feruent à la conduitte de la Galaire, & au combat, lors qu'il en eft de befoing, comme auffi font la pluspart des officiers que i'ay nommez.

Quant aux *foldats*, il y en a foixante aufquels fa Maiefté donne folde pour huict mois. Mais lors que la Galaire va

en mer, il n'en faut pas moins de quatre vingts, qui font ordinairement cō-
mandez par quatre Caporaux, ou dauantage, à la difcretion du Capitaine,
& ont pour leur *pofte* (ainfi que s'appelle le lieu où chacun doibt eftre) les
Arbaleftrilles, & les *Rambades*.

Refte la Chiurme, qui eft la compagnie des *Forçats*, qui font diftribuez
efgallement de chacun cofté, dont les
deux premiers qui maniét le *giron* des
rames ioignantes l'efpalle s'appellent
Efpalliers, qui font ceux qui donnent
la vogue au refte. Tous les autres qui
font derriere eux le long de la *courfie*,
s'appellent *Vye auant*. Ceux qui les ioignent s'appellent Apoftis : les troifief-
mes *Tercerots* : les quatriefmes *Quarte-
rots* : & les derniers & moindres *Quin-
terots*, qui font en tout cinq à chacun
banc, depuis prouë iufques à l'arbre
pour les gallaires ordinaires, & quatre
aux autres tirans vers prouë. De forte

que pour faire voyage il faut au mois
250 Forçats, au lieu que sa Maiesté ne
paye que pour 200. & pour celles qui
sontplus grandes à proportion: à tous
lesquels il faut tous les ans, pour chacun vn habit composé d'vn bonnet,
d'vne casaque de serge qui leur va ius-
qu'au dessoubs du genouil, la pluspart
rouges: d'vn calçon de toile, & deux
chemises; & de deux ans en deux ans
vn *capot* de gros drap entre gris & mi-
nime, qui leur descend iusques aux ta-
lons, & au dessus vn capuchon pour
se couurir entierement, & s'enueloper
durant le froid ou la nuict lors qu'ils
reposent, qui n'est que sur le bois de
leurs bancs, & celuy de l'arbalestrille
lors qu'elle n'est pas occupee par les
soldats.

Il est aisé à voir par ce que dessus,
qu'il n'y a espace au monde où le lieu
doiue estre plus iustement mesuré.
Mais il ne faut pas estre moins exact

D iiij

pour ce qui eſt des viures, ſur tout
quand il y a quelque longue nauiga-
tion à faire, & le tout auec vne deſpé-
ſe ineſtimable, qui monte lors que les
gallaires ſont en voyage deux fois pl⁹
qu'elles ne reçoiuent d'apoinctemét,
& ne ſçauroyent ſe ſauuer que ſur le
meſnage qu'elles peuuent faire eſtans
dans le port. Auſſi eſt-il tout notoire
que celles de Malte, qui ſont en mer
plus qu'aucunes autres, deſpenſent à
la Religion plus de vingtcinq mil eſcus chacune par an , outre deux ou
trois mil que le Capitaine y met du
ſien, & pour raiſon dequoy il obtient
vne Commanderie de grace: Au lieu
qu'il n'eſt ordonné aux noſtres gueres
plus de neuf mil eſcus, moyennant
quoy les Capitaines ſont obligez de
les tenir preſtes, & capables de ſeruir,
ſuyuant l'accord qu'ils en ont faict a-
uec les feuz Roys, en vn temps auquel les viures & autres choſes eſtoyét

la moitié moins cheres qu'elles ne font
à prefent.

Pour les paremens, ils font de da-
mas, taffetas, ou boucaffin, le plus fouuent rouges, & de diuerfes formes &
grandeurs, dont ceux qui fe mettent
au deffus des arbres, foit de Maiftre,
ou de Trinquet, s'appellent *bandieres*,
dans lefquelles font les armes du Sou-
uerain: & en leur lieu fe mettent quelquefois les *gaillardets*, qui font beaucoup plus grands, & defcendent plus
bas, pour paroiftre dauantage, mais
beaucoup moins que les *flames* qui
font au bout des Entennes, & defcendent prefque iufques fur la gallaire,
attachees à des cordes, afin que le vent
f'en jouë plus librement. Au derriere
de la pouppe y a trois *bandieres*, & de
chacun cofté le long de l'apofty quinze, toutes fouftenues de leurs baftons,
comme auffi eft *l'Eftendart*, qui fe met
fur l'efpalle du cofté droict ioignant

la pouppe, & ne se porte que sur la
Reale ou principale Gallaire : ny gueres qu'aux grandes occasions, pour e-
stre si important, que rien ne seruit
tant à Louchaly pour excuser la perte
qu'il fit de la bataille de Lepanthe, que
de rapporter vn estendart qu'il disoit
estre celuy de la Religion de Malthe.

Reste donc pour acheuer ce que
i'ay promis, de nommer & specifier
succinctement les diuerses sortes de
vaisseaux qui sót maintenát en vsage,
& qui se peuuent generalement diui-
ser en deux, qui sont ceux de rang, qui
vont auec les rames & le vent, & ceux
qui se nomment ronds, qui vont seulement à la voile.

Le premier & le plus grand de la
premiere espece est ce qu'ils nommét
Galeasse, comme qui diroit grosse Galaire, dont les forçats voguent soubs
couuerte, & au dessus d'eux y a vne
batterie de canons d'enuiron dix de

chacun cofté. Quelques-vns veulent
que ce foit ce que les anciens appel-
loyết *Liburnica nauis*. Mais il faudroit
aux frequentes rencontres que nous
en faifons dans les hiftoires, qu'elles
euffent efté beaucoup plus commu-
nes qu'elles ne font à prefent, qu'il s'en
trouue feulement en deux lieux, & en
bien petit nombre, à fçauoir deux au
grád Turc, & quatre aux Venitiés, aufquelles on attribue l'vn des plus gráds
aduátages de la bataille de Lepáthe, &
qui depuisne font gueres forties, pour
la difficulté qu'il y a de les mouuoir &
códuire, quoi qu'elles ayết vn arbre &
voile plus que les Galaires, quatre ou
cinq rames de plus, & beaucoup plus
puiffantes, & par confequent beaucoup plus d'hommes pour les manier.

Le fecond vaiffeau de rang eft la
Galaire, le plus vifte de tous les autres
tant de rames que de voiles, foit gráds
ou petits, & qui ne different gueres

pour la quantité des rames, qui eſt au moins de 24, & nos ordinaires de 26. Noſtre Reale, & celle d’Eſpagne de 28 ou 29, & tient-on que celle du Grand Turc eſt de 33. mais pour ceſte raiſon incommode. Les moindres ſont celles de Barbarie, leſquelles pour euiter le rencontre des autres ſe rendent les plus legeres qu’elles peuuent, iuſques à mettre la pouppe bas, & ne portét d’ordinaire qu’vn canon de courſie.

Les *Galliottes* ſont ſeulement de ſeize, dixhuict, ou vingt bancs, & autant de rames de chacun coſté, à trois hommes ſur chacune, & n’ont que l’arbre de Maiſtre, portans de petits canons.

Les *Brigantins* ſuyuent apres, qui ſont de dix, douze, ou quinze bancs, & autant de rames à vn homme pour chacune, ſur couuerte, & portent des perriers.

Les *Fregates* ont aussi couuerte, mais plus petites que les brigantins, & ne portent point de perriers.

Les *Felouques* sont descouuertes, & c'est dans ces deux dernieres sortes de vaisseaux qu'on passe ordinairement de Prouence en Italie.

Les moindres sont le *Caiq* pour les Gallaires, & l'*Esquif*, tant pour les Galaires, que vaisseaux ronds, & se met sur l'vn & l'autre lors qu'ils vont en voyage pour aborder les costes ou autres vaisseaux.

Les derniers sont ceux des Pescadoux, ainsi qu'ils nomment les pescheurs, qui different de grandeur, en laquelle la pluspart surpassent le Caiq & l'Esquif, & vont aussi tous à la voile aussi bien qu'à la rame.

Des vaisseaux ronds ou de voile seule les plus grands s'appellent en Portugal *Caraques*, dont le Roy d'Espagne en a quatre, en Angleterre *Roberges*,

en Hollande autrement, & tient on
que les plus grands ne portent pas pl⁹
de douze ou treze cens tonneaux : &
celuy de Malte, qui eſt le plus puiſſant
de la mer Mediterranee enuiron mil
tonneaux.

Les *Gallions* portẽt douze mil quin-
taux, qui n'eſt qu'enuiron cinq cens
tonneaux, à deux mil cinq cens quin-
taux chacun, & n'y en a pas plus de
quatre ou cinq de ceſte ſorte à Mar-
ſeille pour aller en Leuant. Il n'y auoit
anciennemẽt que ceux de guerre qui
portaſſent ce nom, mais auiourd'huy
tous ceux de meſme grandeur le pré-
nent indifferemment, & ſeruent auſſi
à l'vn & à l'autre.

Les *Caramouſſats*, dont vſent ſeulement les Turcs, ont la pouppe plus
haute à proportió du corps, que tous
les autres.

Les *Polacres* ſuyuent en grandeur,
& ſont toutes ouuertes iuſques au

fonds, n'ayans que l'arbre du milieu
droict, & celuy de prouë couché à
voile latine & quaire.

Les *Barques* sont couuertes, la poupe
haulte, deux arbres, & voiles latines.

Des *Tartanes* les vnes sont couuertes, les autres non : toutes basses de
poupe, & portent deux arbres, &
voiles latines.

Il s'en compose de l'vne & l'autre
espece de voiles & de rames, comme
sont ceux qui s'appellent *Portecauali*,
qui seruent à accompagner les grands
vaisseaux. Mais pource que ie me suis
seulement proposé de remarquer ce
qui est le plus en vsage; ie ne charge-
ray point ce discours d'vne plus im-
portune curiosité, remettât ceux qui
s'en voudront instruire plus particulierement, & conferer le present auec
le passé, de voir les autheurs qui se
sont estudiez à cete recherche ; comme entre les Grecs Apolodorus, Iul-

lius Pollio , Athenee, Eticus Hifter.
Des Latins Baifius, Giraldus, Albertus
Florentinus, Rofinus ; & des Italiens,
il Crefcentio, & il Capitan Pantero
Pantera, qui ont efcrit de noftre téps ;
le premier , de la conftruction des
vaiffeaux de rang : l'autre d'vne armee
nauale : mais auec plufieurs differen-
ces de ce qui s'obferue entre nous, &
dont la curiofité eft beaucoup plus
digne de ceux qui en font la practi-
que, que de ceux qui n'en defirent
que la cognoiffance.

F I N.

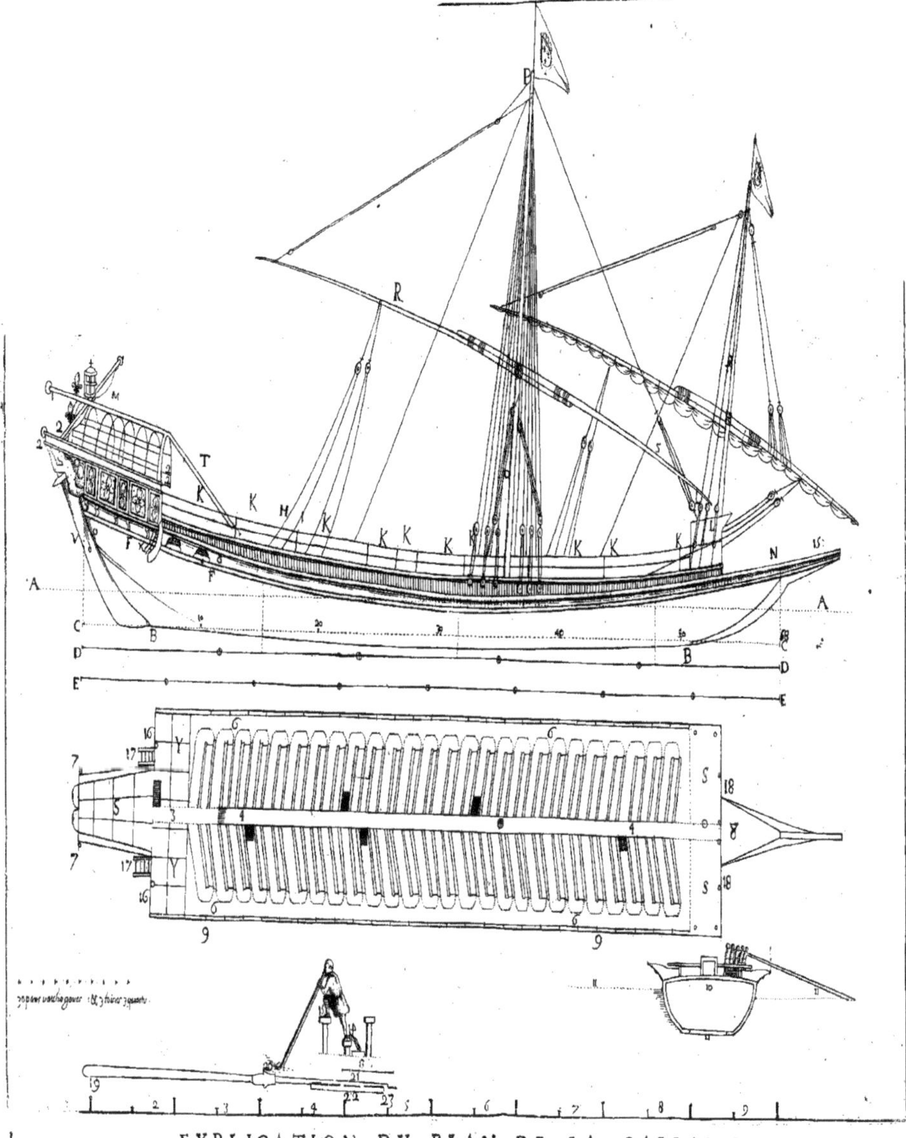

EXPLICATION DV PLAN DE LA GALLAIRE.

L'Eschelle de mesure marque 30. pans, vallans 10 goüës reuenans à 3 toises 3 quarts.

A A monstre iusques où la Galaire enfonce dans l'eau.

B B la carene.

C C la ligne de terre.

D D d'où est prise la proportion de l'endroit où se doit mettre l'arbre qui est aux trois cinquiesmes de la longueur.

E E Proportion de la largeur à la longueur du corps.

F L'enceinte ou cordon ordinairement façonné.

G Le contault dans lequel sont les fenestres de la chambre de pouppe.

Au dessus est la tapiere ordinairement façonnée.

H Plus hault est l'aposti sur lequel se mettent les rames.

K K Marquent les batayolles qui trauersent les fillarets.

L L'vne des deux rambades.

M La pouppe ou le chiffre 1. monstre la fleche, & les 2.2. les bandins & bandinets.

N La proüë, & 15. l'esperon, au dessous desquels est le taille-mar,

O l'arbre.

P Le calcet auquel sont les poulies pour hausser & baisser l'entene,

Q Trinquet.

R S, L'entene dont R est pene, sur laquelle se met le quart & si adiouste le pigon, lors qu'on met la voile.

T L'escontre qui appuye la flesche sur la pouppe.

V Le gouuernail.

X Lescalle.

Seconde figure.

Y Y L'espalle.

3. Le tabernacle.

4.4. La coursie.

S. Le plancher de pouppe.

S S. Plan des rambades où se mettent les canons.

6.6. Les Arbalestrieres où se mettent les soldats.

Les bancs où se mettent les forçats sont entre les arbalestrieres & la coursie.

8. Tabourin de proüë, & 15. l'esperon au dessous duquel sont les cuisses.

9.9. Escomes ou s'attachent les rames auec l'astrocq.

Les grilles monstrent les six portaux des chabres de pouppe, Escandolat, compagne, Paillo, Mezanie, & de proüë.

10. Le tail ou pourfil de la Gallaire, qui est ce qui se verroit si elle estoit couppee par le milieu : & 11.11. iusques où elle entre dans l'eau.

La façon de voguer.

13. banquette : 14. pedagne : 15. bancq.

La rame pour laquelle est l'eschelle de 8. pans marquée 21.

19. La palle : 20. la galuerne : 22. le mantenante sur lequel y a du plomb pour soulager la rame : 23. le giron.

Au dessous sur la ligne basse de la planche sont marquez les pouces en leur veritable longueur, prise sur la mesure du Chastellet de Paris, dont il en faut 9 pour le pan, & 12. pour le pied qui se dit pied de Roy.

La figure suiuante monstre la perspectiue de la Galaire, telle qu'elle paroist à l'œil, au port, à la voile, & à la rame, dont les parties se pourront facilement cognoistre par celles du plan cy dessus : & la vraye figure du Dauphin, au lieu de celle qu'on nous depeint.

www.ingramcontent.com/pod-product-compliance
Ingram Content Group UK Ltd.
Pitfield, Milton Keynes, MK11 3LW, UK
UKHW031817170726
13836UKWH00003B/1454